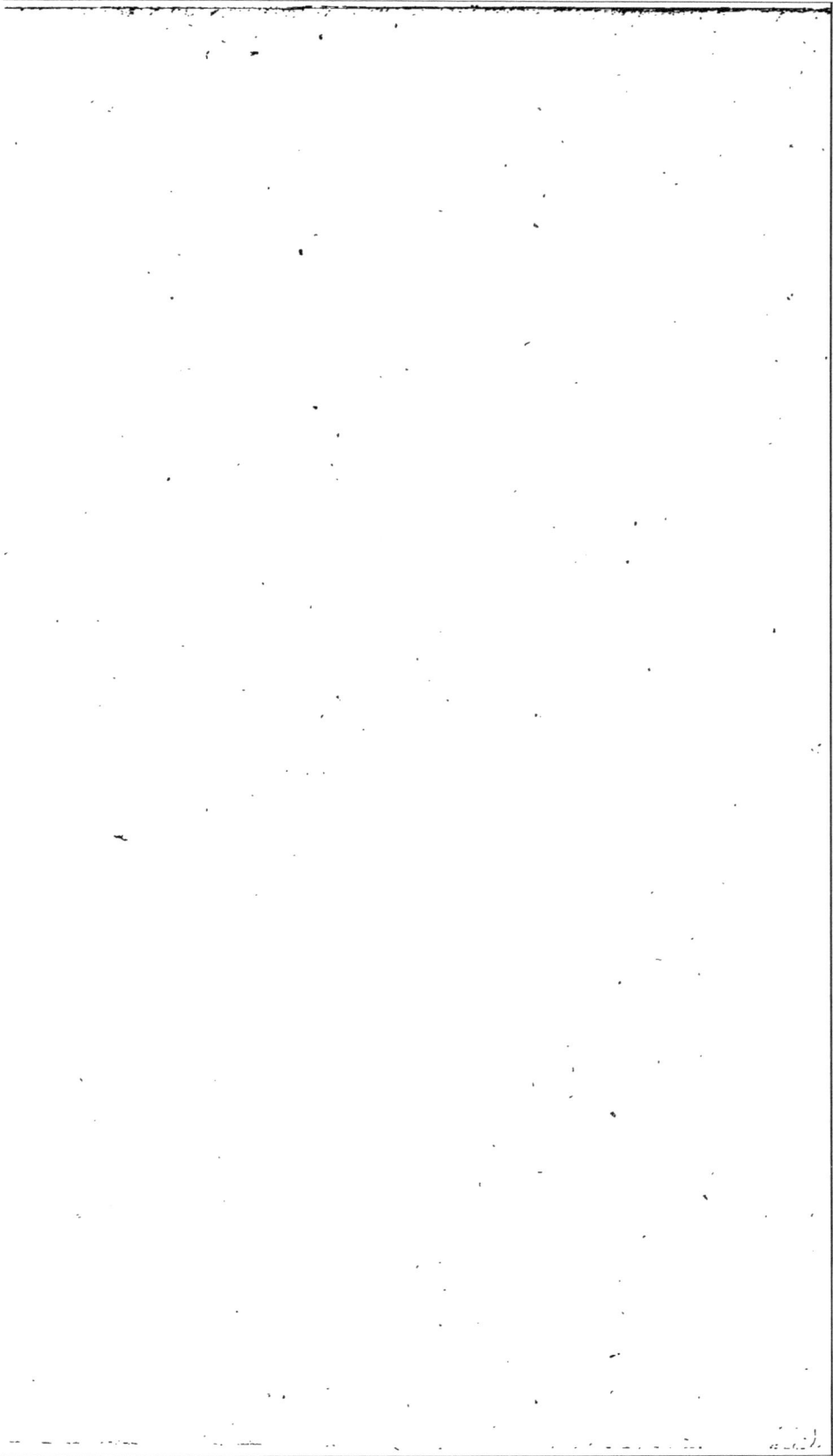

LK 1698

FONDATION

DU

MONASTÈRE

DES

RELIGIEUSES CARMÉLITES

DE

CAVAILLON,

EN L'ANNÉE 1668.

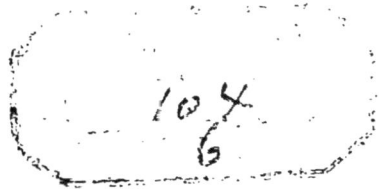

JÉSUS, MARIE, JOSEPH ET THÉRÈSE.

AVIGNON

Fr. SEGUIN AINÉ, IMPRIMEUR-LIBRAIRE
rue Bouquerie 13

1862

PERMISSION D'IMPRIMER.

—

Avignon, le 31 août 1861.

Ma Très-Révérende Mère,

J'ai lu avec intérêt et beaucoup d'édification le récit de votre fondation du Monastère de Cavaillon. C'est vous dire que je verrais avec plaisir qu'il fût livré à l'impression. Vous pouvez donc le remettre à M..... et l'autoriser à lui donner toute la publicité qu'il jugera convenable.

Je me recommande à vos bonnes prières, et vous renouvelle, ma Révérende Mère, l'expression de mes sentiments respectueux.

Martin, Vicaire général.

AVERTISSEMENT DE L'ÉDITEUR.

—

Ayant été autorisé à feuilleter discrètement les archives des Religieuses Carmélites d'Avignon, il nous est tombé sous la main une simple et touchante relation de la fondation du Monastère de cet Ordre à Cavaillon, due à la piété et aux encouragements de M. Melchior de Bus, petit-neveu du vénérable César de Bus, fondateur de l'Ordre des Doctrinaires.

Nous avons demandé l'autorisation de la faire imprimer, d'abord pour rendre hommage à tout ce qui se rattache à la mémoire de César de Bus, notre vénéré parent et attirer aussi sur nous, par son intervention, la bénédiction de Dieu.

En outre, nous avons été singulièrement touché de la foi ardente et naïve de ces saintes filles qui, pleines d'une filiale et absolue confiance en Dieu, dénuées de ressources, ne reculèrent devant aucune dépense nécessaire à leur fondation, ne doutant pas un moment que Dieu saurait bien y pourvoir. Et en effet, à point nommé, des secours inespérés et vraiment extraordinaires ne manquèrent jamais de leur arriver, lorsque tout paraissait perdu.

Il arriva même un jour que, dans un besoin pressant, l'argent se multiplia dans leur caisse bénie, de manière qu'elles y puisèrent une somme beaucoup plus considérable que celle qu'elles y avaient déposée.

Dans les temps si différents où nous vivons, où l'on est si peu porté à voir la main de Dieu dans tout ce qui se passe, il nous a paru qu'il ne pourrait être que très-utile de propager de semblables exemples.

Nous nous estimerions bienheureux si, par cette publication, nous pouvions faire renaître, ne serait-ce que dans une seule âme, la confiance en Dieu, et faire reconnaître sa constante intervention dans les événements les plus considérables comme dans les plus simples de notre vie.

—

JÉSUS, MARIE, JOSEPH.

—

Récit de la manière dont la fondation de ce Couvent de Cavaillon fut faite, le 7 mars de l'année 1668.

Noble Monsieur Melchior de Bus, notre fondateur, était natif de cette ville de Cavaillon, petit-neveu du bienheureux César de Bus, fondateur et instituteur des RR. PP. Doctrinaires, et natif de cette même ville; il eut pour épouse noble demoiselle Anne de Bus de la même tige. Notre Seigneur ne leur donnant point des enfants, ils se séparèrent d'un commun accord pour s'appliquer au service de Dieu, et travailler sérieusement à l'affaire de leur salut.

Après cette séparation, il forma le dessein de fonder un séminaire pour l'instruction de la jeunesse dans cette ville de Cavaillon, sous le titre de Jésus-Marie-Joseph ; mais comme Dieu le destinait pour une autre bonne œuvre, il permit qu'il n'exécutât pas ce premier dessein, qu'il changea de la manière qui suit : s'étant rendu habitant de la ville d'Avignon, il eut dévotion de fréquenter notre monastère des Carmélites, en sorte qu'il faisait toutes ses oraisons et autres pratiques de dévotion dans notre église, choisissant le temps que la Communauté disait l'office divin pour réciter le sien qu'il disait tous les jours par dévotion sans y être obligé. Il avait une singulière dévotion à notre séraphique Mère Sainte Thérèse et portait une sainte affection à ses filles, ce qui l'attacha beaucoup à notre Communauté. Le livre de nos Chroniques lui ayant été prêté par une de ses parentes qui était religieuse chez nous, à la première ouverture qu'il en fit, ses yeux se portèrent

sur le récit de notre fondation de Valladolid en Espagne, à l'endroit où il est dit
qu'un jeune gentilhomme fut sauvé parce
qu'il avait donné une maison à notre sainte
Mère Thérèse pour y faire un monastère de
ses filles, et qu'il sortit des flammes du Purgatoire le jour qu'on y célébra la première
messe, où la sainte vit monter son âme dans
le ciel triomphante de gloire.

Cette lecture toucha si vivement notre
cher M. de Bus que, se l'appliquant à lui-
même, il prit dès ce moment la résolution
de changer son premier dessein et de fonder
un monastère des filles de Sainte Thérèse,
dans la ville de Cavaillon, et qu'il exécuta
dans la suite faisant notre fondation sous le
titre de Jésus, Marie, Joseph et Thérèse.
Ce saint homme a avoué à notre vénérable Mère Claire du Très-Saint-Sacrement,
la première des fondatrices qu'il choisit pour
ce dessein, qu'un des principaux motifs qui
l'avait porté à faire cette fondation était l'es-

pérance qu'il avait que Dieu lui ferait miséricorde ainsi qu'à ce fortuné gentilhomme de Valladolid, et qu'il avait attaché son salut à l'accomplissement de cette bonne œuvre ; car ce cher fondateur étant conduit par une voie de crainte prenait avec ardeur tous les moyens pour attirer sur lui la divine miséricorde : nous l'entendions souvent la solliciter par ses soupirs, et par ses larmes dans la ferveur de ses oraisons qu'il faisait dans notre église : en se croyant seul avec Dieu, il donnait un libre essor à ses gémissements ; notre vénérable Mère Claire était alors sacristaine. Il avait quelquefois communiqué avec elle, en servant tous les jours autant de messes qu'il s'en disait dans notre église. Il ne lui déclara pourtant rien du dessein qu'il avait formé ; mais, Notre-Seigneur l'ayant fait connaître à notre chère Mère, lui suggéra de lui en dire un mot le jour de l'Épiphanie en lui passant les ornements du prêtre. M. de Bus lui répondit : Sœur Claire , cela pourrait bien se faire ; il n'ajouta rien de plus. Notre vénérable Mère avait un grand désir de lui en parler plus au long ; mais elle en fit le sacrifice, abandonnant le tout à la conduite de la divine Providence , et, par une humble dépendance à sa sainte volonté, elle résolut dès ce moment de ne plus dire mot de cette affaire, jusqu'à ce que M. de Bus lui en parlât encore. Ce fut le 14 du mois de juin suivant qu'il la pria de se souvenir de ce qu'elle lui avait dit le jour des Rois, lui déclarant qu'il était dans le dessein de fonder dans la ville de Cavaillon un couvent de Carmélites déchaussées, ayant été fortement inspiré de faire cette bonne œuvre à la lecture de nos Chroniques , à l'occasion de la fondation de Valladolid. Ayant ensuite découvert à notre vénérable Mère tout ce qui s'était passé en lui depuis ce temps-là, et ses dispositions intérieures à cet égard, il se confia entièrement à elle pour l'accomplis-

sement de ce pieux projet, connaissant com-
bien elle en était capable par sa prudence et
ses rares vertus.

Notre vénérable Mère redoubla dès ce
moment ses prières et ses pénitences pour
obtenir du ciel l'accomplissement de ce dessein ; elle agissait dans cette vue de concert
avec M. de Bus qui s'y portait avec un zèle
ardent , de sorte que le 17 du mois de septembre suivant 1667, le contrat de fondation
fut passé dans notre parloir du couvent
d'Avignon, où toute la Communauté vit
notre fondateur dans les transports de la
plus vive joie , ressemblant à un Séraphin,
brûlant d'ardeur et ne croyant plus habiter
sur la terre, par l'excès des consolations
célestes dont son âme était inondée; il ne
pouvait presque plus penser et parler que
de l'accomplissement de son dessein ; et
ce qui augmenta son zèle fut qu'en ouvrant
un jour le même livre de nos Chroniques,
il y rencontra ces paroles que Notre-Sei-

gneur dit à notre sainte mère Thérèse. « Ma
« fille, je ne veux plus que tu converses avec
« les hommes, mais avec les anges. » Ces
paroles le pénétrèrent autant que si elles lui
eussent été dites à lui-même. Il prit dès
lors la résolution de ne plus converser qu'a-
vec les Carmélites, ses filles, ainsi qu'il avait
coutume de les appeler, les regardant comme
des anges. De là lui vint la pensée de faire
bâtir auprès de son monastère de Cavaillon
une habitation d'où il pût se rendre à l'église
sans passer par la rue, et où l'on pût apprê-
ter ses aliments et le faire servir avec la
même commodité, sans que personne du
dehors eût aucune relation avec lui, ayant le
dessein de vivre en solitaire, tout le temps
que ses affaires pourraient le lui permettre,
et mener ainsi une vie angélique auprès du
sanctuaire du Seigneur et de ses chères épouses. J'aurai le bonheur, disait-il, d'entrer par
ce moyen en communication des bonnes œu-
vres et des mérites de mes chères filles par

l'union des prières que nous ferons ensemble.

La Communauté s'obligea volontiers à prendre pour lui tous les soins possibles; mais elle n'a pas eu cette consolation, le Seigneur ayant appelé à lui notre cher fondateur avant notre établissement.

Dans l'empressement qu'il avait, vers la fin de sa vie, à poursuivre son généreux dessein, il se préoccupait souvent de l'endroit de cette ville où il devait faire bâtir le monastère, ne sachant quel lieu choisir. Une nuit, s'étant levé pour faire oraison, croyant qu'il était près de cinq heures du matin, tandis que ce n'était qu'une heure après minuit, il balança sur ce qu'il ferait, s'il se remettrait au lit ou s'il prierait Dieu: sa ferveur l'emporta, et s'étant mis en oraison, un de ses parents, mort depuis trente ans, appelé M. Esprit d'Agard, gentilhomme de cette ville, entra visiblement dans sa chambre. Notre cher fondateur en fut d'abord troublé; mais s'étant un peu rassuré,

il eut le courage de dire au mort: Comment,
mon cousin, êtes-vous ici, vous qui êtes
mort depuis trente années? Le défunt lui
répondit: Je suis venu pour vous dire de la
part de Dieu que le ciel et la terre se sont
réjouis et se réjouiront pour la bonne œuvre
que vous venez de commencer; vous êtes
en peine du lieu où vous devez loger vos
filles; je dois vous dire qu'elles ne sauraient
être mieux qu'à un tel endroit qu'il lui dé-
signa par un tas de pierres qu'il y avait, et qui
est le même lieu où l'on a bâti notre monastère où la maison du défunt était comprise.

Cette vision anima si fort le zèle de notre fondateur pour l'entier accomplissement
de son dessein qu'il s'y porta avec une ardeur non pareille, dans la pensée de changer le testament qu'il avait fait en faveur
de l'Aumône générale d'Avignon, et d'em-
ployer la plus grande partie de ses biens à
faire notre fondation; mais la divine Providence qui voulait être notre principale res-

source en disposa autrement : notre cher
fondateur étant avancé en âge fut attaqué
d'un accident d'apoplexie qui lui ôta presque tout à la fois la parole et la vie, et par
conséquent le moyen de pouvoir passer un
nouveau contrat en faveur de notre monastère, et le priva de la consolation de voir
cette bonne œuvre achevée.

Quelque temps après sa mort qui arriva
le 13 novembre 1667, M. de Bus apparut
à notre vénérable Mère sœur Françoise de
St-Joseph converse, et morte en odeur de
sainteté dans notre Couvent d'Avignon, le
30 janvier 1669. Il lui dit qu'il était dans
le purgatoire privé de la vision de Dieu jusqu'au jour où l'on célèbrerait la première
messe de son couvent de Cavaillon, et qu'il
était dans ses flammes dévorantes parce qu'il
n'avait pas répondu à l'inspiration de Dieu,
ayant trop différé à se déterminer à donner
un revenu suffisant pour l'entretien du monastère, la mort l'ayant surpris. Notre véné-

rable Mère Claire ayant appris cette révéla-
tion, se sentit si vivement pénétrée de com-
passion pour les souffrances de cette pauvre
âme, et d'un zèle si ardent d'accélérer son
bonheur, qu'elle résolut de poursuivre l'œuvre dans sa perfection et de franchir tous
les obstacles et les difficultés qui furent en
très-grand nombre par rapport au peu de
bien que notre fondateur nous avait laissé,
qui ne consistait tant en capitaux qu'en
biens de terre, qu'à 6000 fr. de fonds, et
une maison qui n'était pas fort grande. Il
nous avait cédé à la vérité une directe
sur une grange de 45 à 50 éminées, mais
l'Aumône générale nous l'ayant disputée en
qualité d'héritière universelle de M. de Bus,
nous fûmes obligées de nous départir de la
dite directe pour ne pas entrer dans des pro-
cès que nous n'étions pas en état de soute-
nir. On nomma des arbitres, qui décidèrent
que la Communauté céderait la directe à
l'Aumône, à condition qu'elle nous compte-

rait 1500 fr. ; ce qui fut conclu par une transaction passée entre l'Aumône et la Communauté ; l'acte de cette transaction se trouve
dans le coffre à trois clefs parmi nos archives, au paquet où tous les papiers de notre
fondation sont réunis.

Le courage de notre vénérable Mère Claire
ne fut point abattu par tant d'obstacles: son
zèle ardent pour la gloire de Dieu, le salut
des âmes et la délivrance de notre cher fondateur des flammes du purgatoire, semblait
s'animer par les difficultés. Sa prudence les
surmonta toutes, et, par sa sage conduite et la
ferveur de ses prières, l'affaire fut enfin con-
clue, et notre départ d'Avignon arrêté. Ce
fut le 7 de mars de l'année 1668, que nous
en partîmes pour nous rendre à Cavaillon
où nous arrivâmes le même jour. Nos supérieurs désignèrent quatre religieuses pour la
nouvelle fondation, prises toutes quatre de
notre Couvent d'Avignon, savoir, notre vénérable Mère Claire, Sœur Marie Catherine,

Sœur Marie Madeleine de St-Joseph et Sœur Marie Gertrude de l'Enfant Jésur. Sœur M. Catherine et Sœur M. Madeleine après être restées quelques années dans ce nouveau Couvent eurent la permission de retourner dans celui d'Avignon où elles moururent l'une et l'autre comblées de jours et de mérites.

Nous partîmes donc de notre Couvent d'Avignon, les quatre religieuses ci-dessus nommées accompagnées de quelques dames respectables de la ville. Nous fûmes reçues avec une joie extraordinaire et un applaudissement général de tout le peuple de Cavaillon, qui nous donnait mille bénédictions. Toutes les rues étaient pleines de monde pour nous voir ; les boutiques étaient fermées comme les jours de fêtes solennelles ; toutes les cloches sonnèrent jusqu'à ce que nous fussions rendues à notre nouvelle maison, qui était celle que notre cher fondateur avait habitée à Cavaillon ; Monseigneur l'Évêque de cette ville, de l'illustre maison de Sade, voulut que nous eussions l'honneur d'aller recevoir sa bénédiction dans son palais épiscopal; il nous fit la grâce de nous recevoir à l'entrée pour nous conduire lui-même dans ses appartements, accompagné de tout son clergé en surplis. Ce fut en présence de cette respectable assemblée que cet illustre prélat nous donna mille marques d'estime et de la vénération qu'il avait pour nous et pour notre saint Ordre ; tout son clergé en fit de même. Après, ils nous conduisirent dans l'église paroissiale pour y adorer le Très Saint-Sacrement, et y voir les précieuses reliques qu'on y révère: nous n'y fûmes pas plus tôt entrées qu'on chanta en musique le *Te Deum laudamus*, suivi de quelques motets. Après avoir rendu grâces au ciel de notre arrivée, Mgr l'évêque pria les MM. de Ribère dont l'un était son grand vicaire et l'autre archidiacre de cette église, tous les deux oncles et alliés de notre vénérable Mère Claire, il les

pria, dis-je, de nous conduire aux trois mo-
nastères de religieuses de cette ville avec un
ample pouvoir d'y laisser entrer toutes les
personnes qui voudraient nous suivre. Nous
fûmes reçues des communautés avec des
témoignages de respect, d'amitié, et des ap-
plaudissements inexprimables. Nous nous
rendîmes ensuite à notre petite maison, péné-
trées de reconnaissance pour les marques de
bonté que nous avions reçues ; mais certes
très-fatiguées de tant de courses; nous com-
mençâmes à goûter dans notre heureuse
solitude un avant-goût du paradis, qui semble être naturel à notre saint état.

Après avoir pris un léger repas composé
de quelques petits poissons cuits avec de la
paille, n'ayant point encore du bois, nous
nous disposâmes à préparer un autel dans le
lieu qui parut le plus convenable pour nous
servir d'église, et qui était le bas de la maison de notre fondateur. Nous travaillâmes
toute la nuit pour l'arranger le plus décem-

ment qu'il nous fut possible avec quelques petits ornements que nous avions apportés d'Avignon, de sorte que le matin du 8 de mars 1668, Monseigneur l'illustrissime évêque de Cavaillon nous fit l'honneur de venir dire la sainte messe dans cette nouvelle église, nous donner la sainte communion et y mettre le Très-Saint-Sacrement. Ce fut pendant cette première messe que notre vénérable Mère Claire vit l'âme de notre fondateur monter au ciel toute rayonnante de gloire.

Après notre action de grâce nous allâmes au parloir pour remercier notre digne prélat et recevoir sa bénédiction : il nous renouvela toutes les marques de bonté qu'il nous avait données le jour précédent, et découvrant en nous tant de joies et de contentements sous un habit si rude, il nous dit que nous étions des preuves de la vérité de ce que Jésus-Christ nous dit dans le saint Evangile, que son joug est doux et son fardeau léger.

Ce ne fut que par les bontés de ce saint

prélat que notre monastère put s'établir dans
Cavaillon, la ville ne nous ayant pas reçues ;
mais sa protection et celle de ses successeurs
nous y a maintenues, le Seigneur leur ayant
inspiré à tous de nous être favorables, quoique nous ne soyons pas sous leur juridiction,
étant soumises à l'Ordre : il nous ont néanmoins toujours regardées comme leurs filles,
au point que, pendant la peste où l'on avait
mis des barrières partout pour empêcher la
communication, M. de Güion, qui était dans
ce temps-là évêque de Cavaillon, sachant
notre extrême pauvreté et le peu de moyens
que nous avions de nous procurer du secours,
avait la charité d'aller avec ses domestiques
dans les endroits où il pensait qu'il pourrait arriver quelques provisions, et nous
les envoyait avec une bonté vraiment paternelle, ne demandant pour tout retour que
d'avoir part à nos prières : ce qui nous en-
gageait, et doit aussi porter celles qui viendront après nous à offrir au Seigneur les

vœux les plus ardents pour ces respectables prélats, et ce qui doit encore plus nous pénétrer de la plus vive reconnaissance envers la bonté de notre Père céleste dont l'aimable providence pourvoyait ainsi à nos pressants besoins. Elle a si fort éclaté en notre faveur que notre vénérable Mère Claire appelait le Couvent, la maison de la sainte Providence. Un trait marqué de sa bonté, c'est la réception de quatre bons sujets dans le cours de la première année de notre fondation, trois choristes et une sœur du voile blanc, ce qui nous fut un secours pour le spirituel et le temporel, nous donnant plus de moyens de faire nos saints exercices et pratiquer l'exacte observance que notre vénérable Mère Claire établit si parfaitement dans ces premières pierres de ce précieux édifice, les formant par ses paroles et ses exemples à toutes les vertus pour les rendre des dignes plantes de ce jardin mystique où l'Époux sacré devait prendre ses complaisan-

ces , ainsi qu'il le dit lui-même à notre vénérable sœur Françoise.

C'est ce qu'on voit plus au long dans la
vie de notre Mère fondatrice, qui eut aussi
beaucoup de soins de dresser ses premières
filles au travail, leur apprenant toutes sortes de beaux ouvrages. Elle excellait dans la
bróderie en or et en soie : nous avons dans
notre sacristie plusieurs de ses ouvrages, sur-
tout un tableau de notre saint Père Jean de
la Croix et un *Te igitur*, l'un et l'autre bro-
dés en soie, fort bien travaillés. Le produit de
notre travail nous était une ressource dans
notre extrême pauvreté et dans une maison
dépourvue de provisions, d'ameublements
et n'ayant présque aucun revenu, de sorte
que nous fûmes obligées de prendre plusieurs
dots des filles que nous recevions, pour
fournir à nos plus pressants besoins, et pour
pouvoir commencer à bâtir afin de donner à
notre maison et au peu de local que nous
avions, la forme d'un couvent.

Notre vénérable Mère Claire en fit le dessin, et eut le courage de le faire exécuter par son entière et ferme confiance en la divine Providence qui ne lui manqua jamais au besoin, et qui récompensa sa foi par la multiplication de l'argent, et par des traits marqués d'une protection singulière ainsi qu'on peut le voir dans sa vie, de sorte qu'ayant commencé la bâtisse avec 150 fr., elle eut la consolation de pouvoir la poursuivre sans s'arrêter un seul jour, et voir achever un corps de bâtiment composé de deux dortoirs, de quatorze chambres pour les religieuses ; d'un chœur et d'un avant-chœur, d'une cuisine et d'autres officines.

Après cet édifice, absolument nécessaire pour loger la Communauté, notre vénérable Mère désirait avec ardeur une église un peu plus grande et plus décente que celle que nous avions. Le zèle de la gloire de Dieu et l'espérance qu'on nous avait donnée que l'Aumône devait nous la faire bâtir, nourrissait

dans son cœur un aussi juste désir, et la portait à prendre toutes sortes de moyens, prières , sollicitations , protections puissantes ,
qu'elle employa pour parvenir à cette heureuse fin. L'Aumône faisait beaucoup de difficultés, mais elle y fut obligée par un ordre
de la Cour de Rome par lequel on lui signifia
que n'y ayant point de Couvent sans église,
elle devait en qualité d'héritière de M. de
Bus nous en faire bâtir une pour remplir les
intentions de notre fondateur ; ce qui fut exé-
cuté à notre plus grand contentement ; et, le
13 juillet de l'année 1678 , le Très-Saint-
Sacrement fut mis dans la nouvelle église
après être resté dix ans et quatre mois dans
la première. Nous employâmes la dot d'une
novice pour acheter des tableaux et y ajou-
ter quelques ornements , le tout conformé-
ment à notre pauvreté. Notre vénérable Mère
eut soin aussi d'orner le chœur qu'elle avait
fait bâtir et qui répondait à la première église
le mieux qu'il lui fut possible ; elle y plaça

dans les deux niches à côté de la grille la statue du saint Enfant Jésus et celle de la Très-Sainte Vierge, selon l'usage de notre Ordre. Nous les avions apportées de notre Couvent d'Avignon: celle de la Sainte Vierge est en bois doré; elle est miraculeuse; car elle a parlé à notre vénérable Mère pour l'encourager à faire notre fondation, l'assurant que son Fils y serait glorifié et servi parfaitement; la même statue dit aussi à notre vénérable Sœur Françoise que la Communauté de Cavaillon serait le jardin de délices de l'Époux sacré; qu'il y appellerait des âmes choisies et d'élite: Dieu nous fasse la grâce d'être de cet heureux nombre!

LOUÉ SOIT NOTRE SEIGNEUR JÉSUS-CHRIST ET SA BÉNITE MÈRE, LA GLORIEUSE VIERGE MARIE.

C'est aujourd'hui le 25 septembre 1706.

SOEUR MARIE GERTRUDE DE
L'ENFANT JÉSUS.

Suite des événements les plus remarquables où la bonté de la divine Providence a paru en faveur de notre Communauté.

La vénérable Mère Marie Gertrude de l'Enfant Jésus, l'une de nos fondatrices, digne nièce de notre respectable Mère Claire, ayant eu la bonté de nous faire le détail des principales circonstances de notre fondation, pour notre consolation et notre édification, nous nous faisons un devoir, à son exemple, pour la satisfaction de celles qui viendront après nous, et pour les animer toujours de plus d'amour et de reconnaissance envers notre Père céleste, de mettre par écrit quelques traits plus marqués de sa bonté paternelle pour notre monastère, qui vérifient toujours mieux le titre que notre vénérable Mère Claire lui a donné d'être la maison de la Sainte Providence.

En 1710, il y eut dans ce pays une grande famine, dont nos vénérables Mères ressentirent toute la rigueur. Dans une fondation nouvelle, dépourvue de moyens, elles étaient réduites à ne manger que du pain bis extrêmement noir, encore par mesure, n'en ayant qu'une bien petite quantité. Dans cette extrémité, elles eurent toutes la permission de sortir pour ne pas risquer de mourir de faim et de misère ; mais aucune ne voulut profiter d'une liberté que le temps de calamité rendait juste et très-légitime. L'amour de la retraite et de la régularité l'emportant sur le désir de la vie, elles aimèrent mieux s'exposer à une mort presque certaine plutôt que de franchir leur précieuse clôture.

Le Seigneur, qui ne se laisse point vaincre en générosité, et qui pourvoit à la nourriture des oiseaux du ciel, prit soin de celle de ses chères épouses, en inspirant à une dame charitable de cette ville, nommée Madame Miau (dont la mémoire doit nous être précieuse) , d'envoyer du pain à la Communauté, que nos pauvres recevaient à genoux en signe de reconnaissance. Notre charitable bienfaitrice ayant réitéré plusieurs fois cette aumône à notre monastère, son mari craignant de manquer lui-même de secours, dans un temps où toutes les ressources étaient épuisées, lui défendit de continuer de nous envoyer du pain; mais la pieuse dame, pleine de foi, l'assura que cette charité ne diminuerait en rien ses provisions; qu'il voulût bien s'en convaincre par lui-même; ce que ce Monsieur ayant examiné soigneusement, il trouva que la farine et le pain, loin de diminuer, augmentaient au contraire à proportion qu'on en envoyait aux Carmélites. Frappé du prodige, il laissa une ample liberté de nous secourir, et, de la sorte, la Communauté fut pourvue dans cette extrême nécessité, se nourrissant avec reconnaissance d'un pain qu'on pouvait appeler miraculeux, et que Madame Miau eut soin de lui fournir tout le temps que dura la famine. Lorsqu'elle fut passée,

nos vénérables Mères se trouvèrent fort à
l'étroit à cause de la rareté, de la cherté des
denrées et de leur peu de moyens.

Un jour que la prieure et la procureuse
se trouvaient fort en peine de n'avoir rien à
donner pour la nourriture de la Communauté, il vint tout à coup un homme in-
connu leur offrir du blé, leur disant qu'elles
le payeraient quand elles en auraient le
moyen. Une autre fois qu'elles n'avaient
point de bois, ni d'argent pour en acheter, le Seigneur inspira si fortement un
homme de cette ville nommé Patau, de
leur en apporter, qu'il vint tout empressé à
notre porte avec une charge de bois disant
qu'il n'avait pu dormir la nuit précédente,
dans la pensée que les Carmélites n'avaient
point de bois pour se garantir des froids
rigoureux qui régnaient ; il supplia avec une
générosité peu commune à un homme de
son état, de recevoir cette charge, ne demandant pour tout retour que des prières.

Dans une autre occasion, ayant besoin d'un poulet pour un remède, et n'ayant pas le moyen de l'acheter, la Révérende Mère prieure et la Sœur infirmière, affligées de ne pouvoir pas donner ce secours à la religieuse malade, prièrent le Seigneur de les assister dans leur besoin : leur prière finie, elles entendirent chanter un poulet dans le jardin, sans pouvoir soupçonner qu'il pût venir d'autre part que du céleste et charitable Médecin qui l'envoyait pour soulager la pauvre infirme.

La même Providence vint au secours d'une autre malade extrêmement dégoûtée pour laquelle on souhaitait un oiseau: la Sœur infirmière, en ouvrant la fenêtre de sa chambre, le trouva et le prit sans aucune difficulté. Ces traits de Providence et une infinité d'autres de cette espèce pénétraient nos respectables Mères d'amour et de reconnaissance envers la bonté divine qui les favorisait d'une façon si singulière et les animait toujours plus à lui en marqner leur juste retour par une plus grande fidélité à toutes les vertus, singulièrement la sainte pauvreté, qui, dans les desseins de Dieu, paraissait être la pierre fondamentale de ce précieux édifice et la voie par laquelle il voulait les élever à l'éminente perfection où elles sont parvenues, ainsi que nous le verrons plus bas dans l'abrégé de leur vie. C'est pourquoi le Seigneur ne permit pas qu'elles reçussent des filles avec de grands biens temporels, qui, en les mettant à leur aise, les auraient retirées de cet état de pauvreté, leur réservant toute leur fortune pour le ciel.

Nos vénérables Mères entrant avec plaisir dans les vues de la grâce, se privaient volontiers de toutes commodités : une vie frugale, un travail assidu, une mortification générale, faisaient toutes leurs délices ; plusieurs, par esprit de pauvreté, travaillaient vers l'heure de huit à neuf du soir à la lueur de la lampe qui éclaire le dortoir ; d'autres n'allumaient point celle que nous avons dans nos cellules et se couchaient dans l'obscurité des ténèbres ; d'autres faisaient les oraisons extraordinaires du temps des retraites en travaillant dans leurs cellules, se tenant néanmoins dans ce temps-là debout pour mortifier le corps par cette attitude, et rendre en même temps hommage à la présence de Dieu !

C'est par ces saintes industries que la ferveur leur inspirait, qu'elles tâchaient de se rendre toujours plus agréables aux yeux du céleste Époux, et d'attirer sur elles ses grâces de choix qu'il verse avec abondance sur ses épouses fidèles ; et ce Dieu de bonté, toujours riche en miséricorde, en remplissant leurs âmes des dons de son amour, veillait en même temps et à leur subsistance et à leur conservation.

Un jour que la Communauté prenait le frais pendant les grandes chaleurs à l'heure de la récréation du soir, les religieuses étaient assises contre un mur du jardin qu'on

né pensait pas menacer ruine. Après y avoir
resté le temps prescrit par l'obéissance, elles
se levèrent pour aller dire Complies : à peine
eurent-elles fait quelques pas que la muraille
croula entièrement, ne leur donnant que le
temps d'éviter le danger d'une démolition si
peu attendue, et qui pouvait écraser la Communauté, si la Providence n'eût veillé à sa
conservation. De sorte que, dans un péril
aussi grand, aucune religieuse ne prit aucun
mal, et toutes ensemble bénirent la main
bienfaisante qui les protégeait si sensiblement.

Un trait encore plus marqué de cette protection singulière du Seigneur arriva quelque temps après. Notre porterie intérieure
était soutenue par une grosse poutre dont le
bout qui entrait dans le mur s'étant pourri,
la poutre s'en sépara, et, au lieu de tomber
par terre, elle resta en l'air, appuyée sur une
image de la Sainte Vierge en papier, qui était
contre le mur de la porterie et qui répondait

directement à l'endroit où la poutre s'était
rompue : de sorte que la Communauté vit
avec admiration et reconnaissance une poutre énorme, dont la chute aurait fait tomber
toute la toiture, suspendue en l'air, par la
protection de la divine Marie, tout le temps
qu'il fut nécessaire pour faire appeler les
ouvriers pour la réparer : pendant lequel
temps, les religieuses furent obligées de passer sous cette poutre soutenue miraculeuse-
ment, sans prendre aucun mal. Dans une autre
occasion, une Sœur du voile blanc, allant
donner le grain aux poules, au lieu d'entrer au poulailler, comme elle le faisait
ordinairement pour le leur distribuer, elle
les appela dans un appartement qui était
au-devant : au moment où toutes les poules
furent sorties, le poulailler, s'écroula de
fond en comble avec un fracas qui attira
toute la Communauté au bruit qu'on avait
entendu ; on trouva la pauvre Sœur converse extrêmement effrayée, sans que néan-

moins ni elle ni ses poules n'eussent reçu aucune lésion. Toutes ces marques de protection, et une infinité d'autres dont le Dieu de bonté favorisait ses épouses, les pénétraient toujours plus de gratitude envers lui, et de désir de la lui témoigner par une plus grande fidélité, ce qui leur attirait toujours de nouvelles grâces, les faisait croître en vertus et en sainteté, et leur ménageait ces secours bienfaisants qu'une Providence attentive leur accordait en toute occasion. Nous pouvons mettre parmi ses bienfaits, celui du bon choix des sujets qu'on recevait dans le monastère, le Seigneur ayant pris soin d'éloigner ceux qui auraient pu en troubler la paix. On a vu, en plusieurs occasions, des novices qui avaient su si bien cacher leurs défauts, et gagner l'amitié de la Communauté qu'elle était toute disposée à les admettre à la profession, lorsque d'elles-mêmes elles demandaient à en sortir, et ce qu'on ne leur accordait qu'avec bien de la peine devenait dans la suite le sujet de notre consolation et l'objet de notre juste reconnaissance, en apprenant les chagrins et les vives inquiétudes que ces novices donnaient dans les maisons où elles étaient entrées en sortant de la nôtre.

Un autre secours de la Providence en notre faveur, c'est de nous avoir fourni en tout temps la ressource des ouvrages manuels dont le produit a fourni à bien des dépenses que nos modiques revenus ne nous auraient pas permis de faire, et qui néanmoins étaient indispensables. Après avoir pourvu aux besoins les plus urgents, nos ouvrages nous ont donné le moyen de faire le retable de notre église, le tabernacle en marbre et autres réparations qui l'ont orné, autant que nos moyens nous l'ont permis quoique bien moins que le zèle de nos Révérendes Mères l'aurait souhaité; mais notre quartier vieux menaçant ruine, elles tournèrent leurs vues à le réparer selon l'ordre des Supérieurs pour

ne pas exposer la vie de nos Sœurs du voile
blanc qui habitaient le plus ordinairement
ces vieilles masures dans lesquelles était la
cuisine, le poulailler, la farinière, la pé-
trisserie, le réfectoire et le four : lesquelles
officines étaient si délabrées qu'on voyait
le jour à travers les murailles et qu'on ris-
quait d'enfoncer le pied à chaque pas qu'on
faisait sur les planchers tout tremblants ; il
fallait les faire étayer en plusieurs endroits,
en attendant d'avoir les moyens de faire une
réparation si fort au-dessus de nos facultés,
ce dont il fut question pendant plus de trente
années. Nous mîmes, durant tout ce temps,
le produit de nos ouvrages en fonds pour
pouvoir fournir à une dépense qu'on nous
assurait devoir revenir à 3o,ooo fr.

Toutes les religieuses, empressées de mettre la Communauté en sûreté et la maison
cloîtrée en bien des endroits du jardin où
elle ne l'était pas, travaillaient sans relâche,
se privaient par esprit de pauvreté de tout

ce qui ne leur était pas absolument nécessaire, et se soumettaient volontiers aux lois
d'une exacte et prudente économie, de sorte
qu'en 1777, ce grand ouvrage fut commencé le 16 juin. La démolition de nos
vieilles masures nous fit admirer la bonté
de la Providence : on trouva plusieurs pou-
tres si pourries qu'elles auraieut dû tomber et emporter les planchers ; elles étaient
ependant restées en place jusqu'au moment
où les ouvriers les ôtèrent en tremblant,
voyant le danger évident que la Communauté avait couru d'être écrasée depuis long-
temps sous leurs ruines. La démolition d'un
quartier si vieux fut bientôt faite, car il ne
tenait presque plus d'aucun endroit. Au premier coup de marteau les murs furent à
bas ; on creusa les fondements du nouvel
édifice qui ne coûtèrent rien, non plus que
la démolition, moyennant les débris dans
lesquels il y avait beaucoup de salpêtre que
nous donnâmes aux ouvriers en échange de

nombreuses journées qu'ils firent depuis le
16 juin jusqu'au 10 de juillet suivant, auquel
jour la première pierre fut posée en solen-
nité.

Notre Révérend Père vicaire, en rochet et
en étole, la bénit et fit toutes les prières
marquées dans le rituel pour pareil objet: la
Communauté présente, et presque tous les
ouvriers qui, selon l'usage, demandèrent
l'étrenne sur cette première pierre, notre
Révérende Mère prieure y mit neuf petits
écus, et fit de plus une petite étrenne à l'enfant du maçon qui lui présenta la truelle
ornée de rubans pour qu'elle mît, la première, le mortier qui devait commencer la
bâtisse. Elle remit ensuite la truelle à une
autre religieuse qui en mit à son tour, et de
l'une à l'autre nous mîmes le mortier nécessaire pour fixer la première pierre, sur laquelle nous avions fait graver ces paroles:
*In te, Domine, speravi, non confundar in
æternum*, par l'ordre de notre Révérende

Mère prieure dont l'attrait principal était une grande confiance en Dieu, et qui trouvait dans ces paroles divines sa force et sa consolation, parmi les sollicitudes, les dépenses et les embarras que lui occasionnait la bâtisse.

Pleine de cette vive foi qui attire du ciel les secours les plus abondants, elle nous proposa dans cette circonstance de faire grâce de la dot à un sujet qui se présenta. La Communauté, déférant à ses lumières, l'admit sans difficulté pour obtenir par cette bonne œuvre que le Seigneur voulût bien bénir notre entreprise. Nous avions fait dire pour la même fin 6 messes, en l'honneur de la Très-Sainte Vierge, de notre glorieux père Saint Joseph, de notre Sainte Mère Thérèse, de notre Saint Père Jean de la Croix, des bons anges et des saintes âmes du purgatoire. La Communauté dit de plus tous les jours l'antienne: *Joseph, fili David,* tout le temps que dura la bâtisse. Munie de protec-

tions si puissantes, l'ouvrage s'est fait et per-
fectionné sans nous mettre à l'étroit, sans
qu'aucun malheur soit arrivé, soit à nous,
soit aux ouvriers, quoiqu'ils aient couru
de grands dangers en plusieurs occasions.
Nous admirions chaque jour des traits de
Providence en notre faveur.

Cette protection a paru plus sensiblement
lors de l'écroulement d'une vieille maison,
où les ouvriers étaient entrés pour ôter les
tuiles : à peine furent-ils sur le couvert que
toutes les murailles et les planchers s'ébran-
lèrent, sans néanmoins s'abattre, jusques
à ce que les ouvriers fussent descendus, et
sortis de la maison, qui dans le même moment tomba, partie dans notre jardin, et
partie à la rue, où il y avait nombre de
petits enfants sans qu'aucun fût blessé.

Le fracas de l'écroulement de cette maison fut si considérable, que les religieuses
qui étaient dans leurs cellules crurent que
c'était un tremblement de terre. Étant accou-

rues au bruit et aux cris qu'on faisait, elles virent avec consolation et reconnaissance que personne n'avait pris mal.

Les mêmes sentiments nous pénétrèrent quelque temps après à l'occasion d'une chute que fit un maçon montant une échelle chargé d'une pierre de taille fort pesante. Le dernier échelon s'étant brisé, le pauvre ouvrier tomba avec sa charge de la hauteur d'un plancher sur un tas de pierres saillantes qui était en bas. Sans une protection spéciale, il eût été infailliblement écrasé : il n'eut cependant aucune lésion de cette chute, et s'étant levé tout de suite il continua son travail tout comme auparavant, rendant grâces à Dieu joyeusement de l'avoir préservé d'une mort presque assurée. A notre tour nous rendîmes grâces de ce bienfait : le nombre en était renouvelé si souvent que nos cœurs ne pouvaient suffire à la reconnaissance.

Nous avons regardé comme une des plus

grandes marques de la bonté du Seigneur
que parmi quantité d'ouvriers employés aux
travaux, il eût toujours régné entre eux une
bonne harmonie : point de dispute, jamais
de querelle, aucun vol qui nous eût été fait,
quoique la clôture fût rompue, et que notre
maison restât ouverte par bien des endroits ;
mais l'ange du Seigneur a toujours gardé son
héritage : il a éloigné de nous ce qui pouvait
nous nuire, en veillant à notre sûreté. Il
nous préserva aussi de maladie tant que dura
la bâtisse ; ce qui nous surprit d'autant plus
agréablement que nous avions nombre de
Sœurs âgées et infirmes : néanmoins tant que
le gros de la bâtisse dura, nous fûmes toutes
sur pied, aucune religieuse ne s'alita : toutes
soutenaient la fatigue et le dérangement où
nous étions : ce ne fut qu'à la fin qu'une de
nos Sœurs essuya une maladie. Les indispo-
tions, assez communes parmi nous, vu le
nombre de nos infirmes, furent suspendues
pendant une année et demie que dura l'ou-

vrage. L'édifice enfin achevé, tous les maté-
riaux et les ouvriers payés, nous trouvâmes
dans le calcul exact que nous fîmes de toutes
les dépenses, que nous avions tiré de notre
caisse 4000 fr. de plus que nous n'y avions
déposé ; la Providence ayant multiplié nos
espèces pour nous donner le moyen de
finir sans emprunter ni nous mettre à l'é-
troit.

Cette multiplication miraculeuse frappa
tellement nos Supérieurs dans l'examen
qu'ils en firent sur nos livres de dépenses et
de recettes, qu'ils nous ont enjoint d'en
transmettre la mémoire aux Sœurs qui viendront après nous, pour exciter leur reconnaissance envers Dieu : la nôtre est si vive,
par les bienfaits dont il nous comble et qu'il
semble nous avoir prodigués, pendant la bâtisse, que, pour lui en marquer quelque retour, la Communauté fit encore grâce de la
dot à une demoiselle qui se présenta la première après que nous avions bâti ; persua-

dées qu'on ne perd jamais rien avec un Dieu si riche en miséricordes, et que la sainte charité est un moyen efficace pour les attirer toujours plus. Puisse la pratique exacte de toutes les vertus nous rendre dignes de les chanter éternellement ! Ainsi soit-il.

Loué soit Notre Seigneur Jésus-Christ et sa bénite Mère, la glorieuse Vierge Marie.

C'est aujourd'hui le 18 février de l'année 1737.

FIN.

www.ingramcontent.com/pod-product-compliance
Lightning Source LLC
LaVergne TN
LVHW022155080426
835511LV00008B/1415